APPRENTI

MW00981222

Comment fonctionne ton cœur?

Don L. Curry

Texte français de Claude Cossette

Éditions
SCHOLASTIC

Catalogage avant publication de Bibliothèque
et Archives Canada

Curry, Don L.
Comment fonctionne ton coeur? / Don L. Curry;
texte français de Claude Cossette.

(Apprentis lecteurs. Santé)
Traduction de : How Does Your Heart Work?
Pour les 5-8 ans.
Comprend un index.
ISBN 0-439-94802-9

1. Coeur--Ouvrages pour la jeunesse.
I. Cossette, Claude II. Titre. III. Collection.

QP111.6.C8714 2005   j612.1'7   C2005-905059-4

Conception graphique : Herman Adler Design
Recherche de photos : Caroline Anderson
L'illustration en page couverture montre un schéma du système circulatoire.

Édition publiée par les Éditions Scholastic, 175 Hillmount Road, Markham (Ontario) L6C 1Z7.

5 4 3 2   Imprimé au Canada   05 06 07 08

As-tu déjà donné
un cœur à quelqu'un?

Ton cœur ne ressemble pas
vraiment à ce qu'on voit
sur les cartes ou les dessins.
Il ressemble plutôt à ceci :

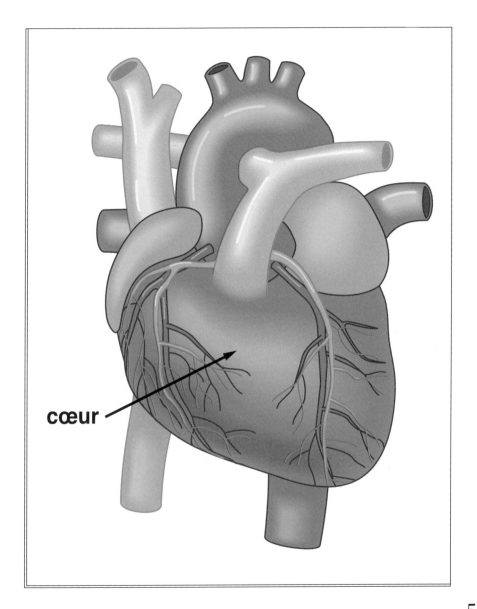

cœur

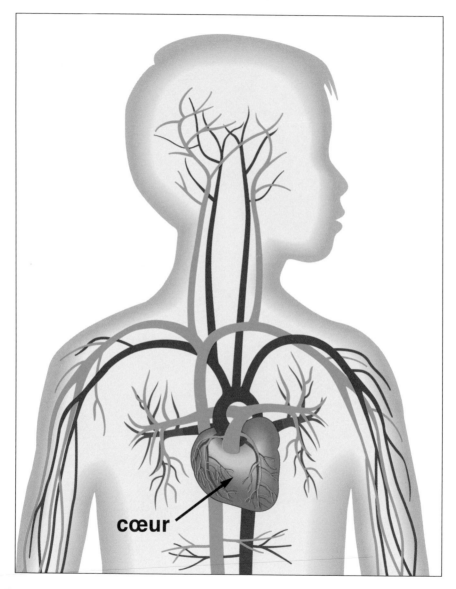

cœur

Ton cœur est à l'intérieur
de ta poitrine. Il fait circuler
le sang dans ton corps.

Ton cœur a à peu près la taille de ton poing. À mesure que tu grandis, ton cœur aussi prend du volume.

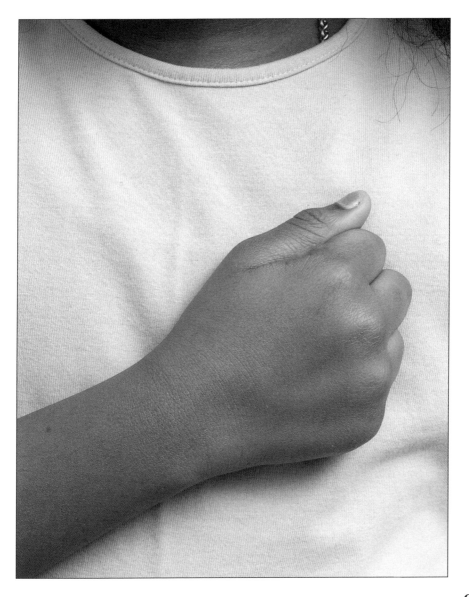

9

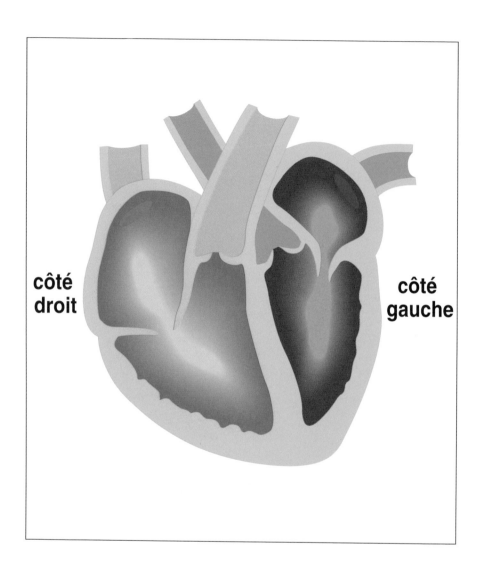

côté droit

côté gauche

10

Ton cœur est fait de deux
pompes qui se trouvent côte
à côte. Les pompes sont
des muscles.

À l'intérieur de ton cœur,
il y a quatre petites chambres
qu'on appelle des cavités.

Il y a deux cavités de chaque
côté de ton cœur.

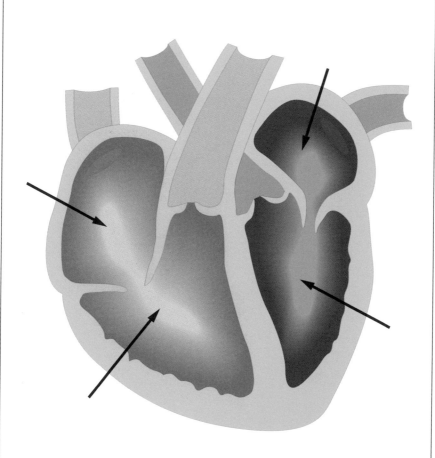

Le cœur a quatre cavités (chambres)

13

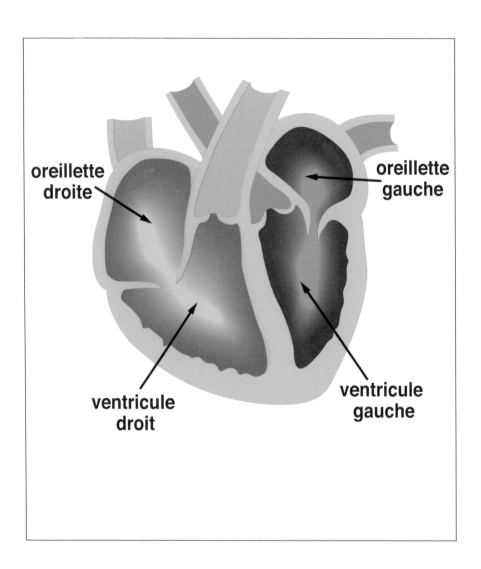

oreillette
droite

oreillette
gauche

ventricule
droit

ventricule
gauche

Les cavités dans le haut de ton cœur sont appelées oreillette droite et oreillette gauche.

Les cavités dans le bas de ton cœur sont appelées ventricule droit et ventricule gauche.

Les cavités du côté droit de ton cœur font entrer le sang qui a déjà circulé dans ton corps.

Le sang qui était dans ton corps et qui retourne au cœur est bleu parce qu'il n'a pas d'oxygène.

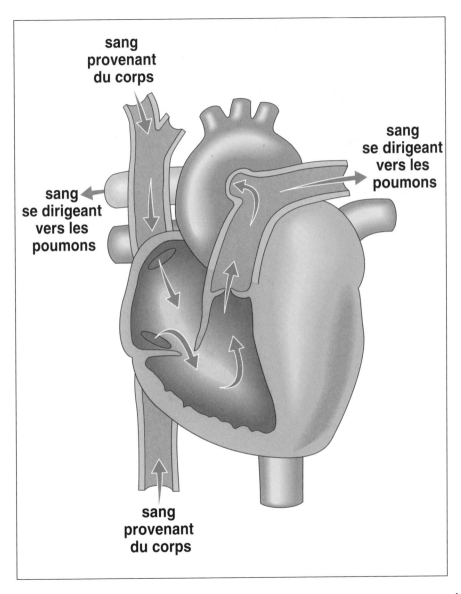

sang
provenant
du corps

sang
se dirigeant
vers les
poumons

sang
se dirigeant
vers les
poumons

sang
provenant
du corps

17

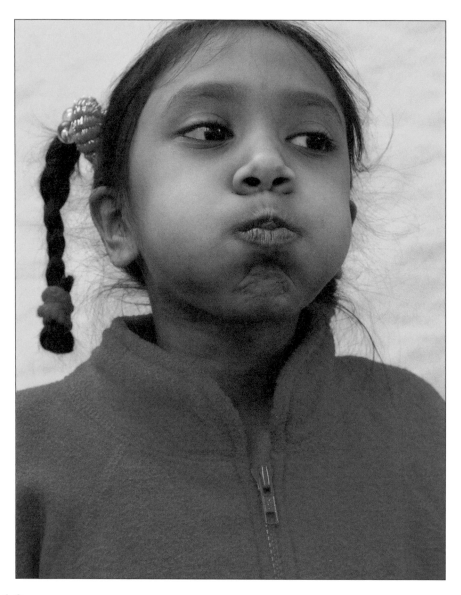

Chaque fois que tu respires, tes poumons se remplissent d'oxygène.

Le cœur envoie le sang bleu dans tes poumons pour qu'il se charge d'oxygène.

Quand il absorbe de l'oxygène, le sang devient rouge; on dit qu'il est oxygéné.

Le sang rouge est renvoyé dans les cavités du côté gauche de ton cœur.

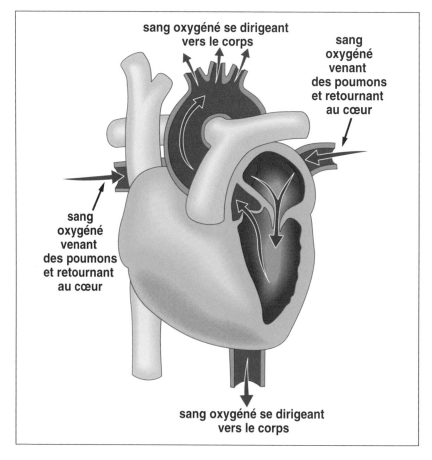

sang oxygéné se dirigeant vers le corps

sang oxygéné venant des poumons et retournant au cœur

sang oxygéné venant des poumons et retournant au cœur

sang oxygéné se dirigeant vers le corps

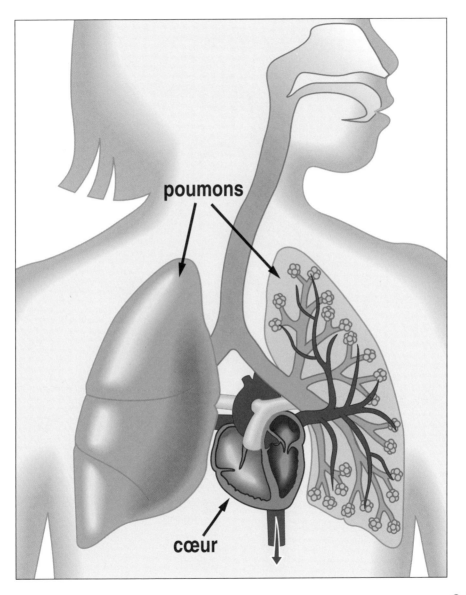

poumons

cœur

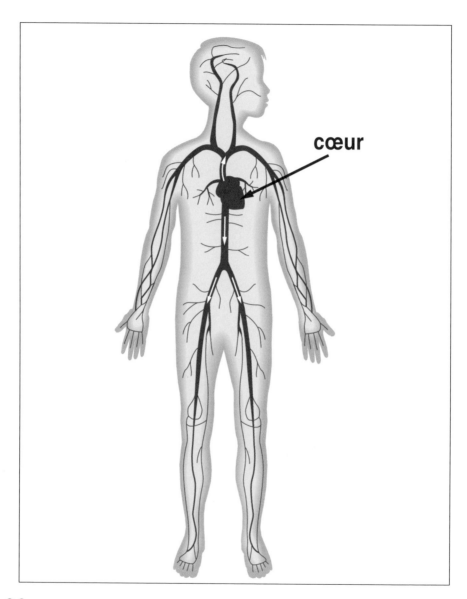

cœur

Ton cœur pompe alors le sang oxygéné pour l'envoyer dans le reste de ton corps.

Ton sang transporte aussi des nutriments qui te donnent de l'énergie. Ton cœur cesserait de fonctionner s'il n'avait pas d'oxygène ni de nutriments.

Le sang circule à travers des tubes caoutchouteux appelés vaisseaux sanguins.

Si tu vois des lignes foncées qui ont l'air de toiles d'araignée sous ta peau, ce sont tes vaisseaux sanguins.

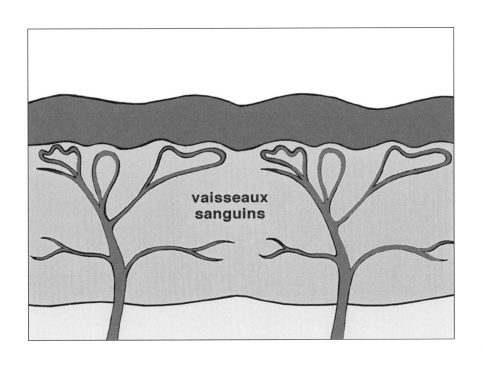

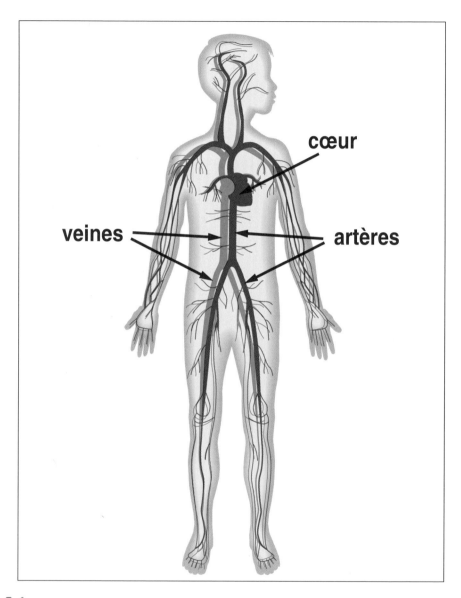

cœur

veines

artères

Les vaisseaux sanguins qui transportent le sang loin du cœur sont appelés artères.

Les vaisseaux sanguins qui apportent au cœur le sang ayant déjà circulé dans ton corps sont appelés veines.

Il est important d'avoir un cœur en bonne santé.

En faisant de l'exercice, en mangeant des aliments sains et en te reposant, tu vas garder ton cœur en bonne santé.

Les mots que tu connais

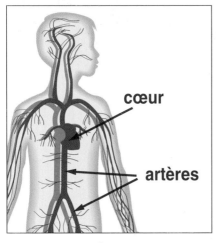

artères

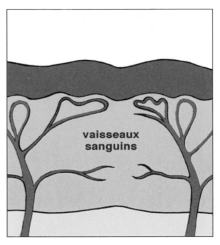

vaisseaux sanguins

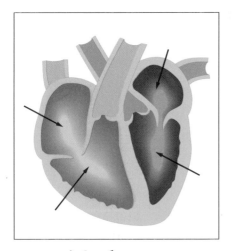

cavités du cœur

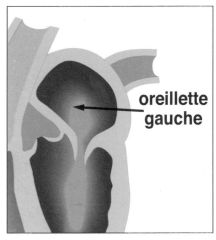

oreillette gauche

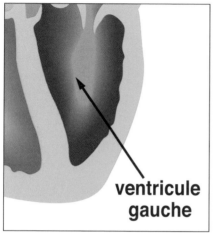

ventricule gauche

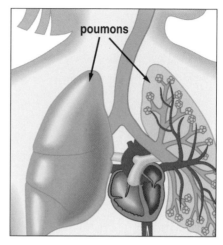

poumons

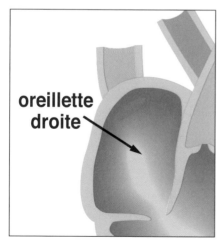

oreillette droite

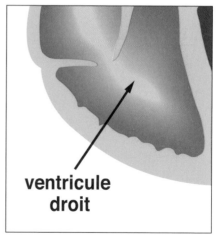

ventricule droit

31

Index